AF482832

Old Place. N.º 40   N.º 1454

PLACCART

Des Ser^mes. Archiducqz, noz Princes
souuerains sur la prouisionelle permission & tolerance du cours des especes & monnoyes d'or en leurs païs de pardeça.

EN ANVERS,

Chez Hierosme Verdussen, Anno 1609.

Auec Grace & Priuilege.

donnaz Nimta

PLACCART

12 may 1609

Des Ser.^{mes.} Archiducqz, noz Princes

souuerains sur la prouisionelle permission & tole-
rance du cours des especes & monnoyes d'or
en leurs païs de pardeça.

E N   A N V E R S,

Chez Hierosme Verdussen, Anno 1609.

Auec Grace & Priuilege.

Sommaire du Priuilege.

ALBERT & ISABELLA Clara Eugenia noz Princes ont ordonné, & par singuliere grace permis & auctorisé Hierosme Verdussen, qu'il pourra d'oresenauant seul (& auec seclusion de tous autres) imprimer les choses & affaires concernantes la monnoye de leurs Altezes. A sçauoir Eualuations, Permissions, Moderations, Liurets, & Cartes des deniers d'or & d'argent, eualuez & non eualuez, auec leur pris, valeur & poids.

Defendans à tous autres Imprimeurs & Libraires de ne leur entremettre en aucunes choses touchant sa monnoye, ni de les imprimer ou faire imprimer. Sur peine contenue es lettres du Priuilege, expediées à Bruxelles au Conseil priué, & de Brabant, le dernier de Iuing, an. 1607.

L'vn subsigné *Le Compte*.

L'autre *Buschere*.

NOZ AMEZ ET FEAVLX
les Gouuerneur, Presidét, & gens de
noftre Conseil Prouincial d'Arthois
salut & dilection. Il eft notoire à
tous de quel foing, & diligence,
nous auons depuis quelques an-
nees ença trauaillé, pour par toutes
voyes poffibles maintenir le cours des monnoyes au pris
que les auons dernieremét tolleré, nonobftant l'exces qui
fe faifoit es Royaulmes, & prouinces voifines, permet-
tans ledict cours different au noftre, & à plus hault pris,
ce qu'a caufé, que toutes les bonnes efpeces, fignamment
d'or, font efté tranfporteés d'icy, tant pour les employer
ailleurs à plus hault pris, que pour en forger d'aultres de
moindre alloye, & par la faire gaing, & prouffit particu-
lier, dót s'eft enfuyui que nos pays de pardeça fe treuuét de
plus en plus defnuez de bonnes & lealles efpeces, & rem-
pliz de mauuaifes & deffendues, defquelles l'experience
nous monftre que le peuple a efté contrainct fe feruir a

A 2

faulte

faulte d'aultres bonnes. Et quelzques edicts, & ordonnan-
ces, qu'ayons fait decreter, & publier au contraire, il n'a
esté possible d'y mettre remede au grand preiudice, & in-
commodité de noz bons subiectz, & du commerce, &
negotiation. Comme aussi par ceste difficulté des monnoyes, le payement de noz aydes se treuue notablement
retardé, à nostre grand desseruice, & interest du publicq.
Pour a quoy obuier mesmes, pour par occasió de la pre-
sente Trefue auancer, & augmenter ledict traffic, & commerce, apres auoir sur ce oy les Maistres generaulx de noz
monnoyes, Nous auons par aduis de nos treschiers, &
feaulx les gens de noz Conseilz d'Estat, Priué, & des Fi-
nances, ordonné, & ordónons par maniere de prouision,
& iusques à ce que l'on ait prins vn pied vniforme auec les
Princes, & Prouinces voysines sur le cours & Eualuation
desdicts monnoyes, que doiz le iour de la publicatió de-
ces presentes, que se debura faire precisement le penultief-
me iour de ce present mois de May, les pieces d'or auront
cours comme s'ensuit, Asçauoir.

LES doubles Ducatz à deux teſtes, forgez à noz coingz & armes, de trenteeincq pieces au marcq, poids de Troyes,
vij. florins. xviij. patars.

Les ſimples d'iceulx, de ſeptãte pieces audiĉt marcq, à l'aduenãt.

Les doubles tiers deſdittes doubles Ducatz, de xlvij pieces &dix
dixneuſieſmes audiĉt marcq,   v. flor. v. pat.

Le ſingle tiers de lxxiiij pieces audiĉt marcq,   ij. flor. xiiz. pat.

Le demy Real d'or de lxx. pieces , & vng huictiesme au marcq,
à l'aduenant.   ij. flor. xix. pat.

Le Florin Carolus, & aultres forgez foubz le tiltre & armes de
fut fa Maiefté Catholique (que Dieu ait en gloire) de lxxiiij.
audict marcq.   xxxviij. pat.

Les efcuz de pardega de lxxi. pieces & iij. quartz audict marcq
iij. flor. xij. pat.

Le Florin S. André de lxxiiij. pieces , & cincq huictiefmes au
marcq.
                                                ij. flor. xvij. pat.

Le Florin S. André,   ij. flor. xvij. pat.

Le Philippus d'or de lxxiiij. au marcq,   ij. fl. viij. pa.

Les singles d'iceulx, à l'aduenant.

Les quadruples à l'aduenant.

Les doubles, & de quatre à l'aduenant.

Les Escuz de France de soixante douze au marcq, iij. flor. xij. pat.

Le grand Cruſart de Portugal de ſept pieces au marcq, xxxviij.flor. xvij.pat.

Le Millerez de Portugal de lxiiij. au marcq,   iij.flor.xix.pat.

Les doubles de xxxij.au marcq.   vij.flor.xviij.pat.

Les Escuz de Portugal à la courte croix de lxx. au marcq, iij. flo. xiiij. pat.

Les aultres à la longue croix de mesme poids,   iij. flor. xi. pat.

Les vieux nobles à la Rose d'Angletetre de trente deux au marcq viij. flor. x. pat.

Les demyz à l'aduenant.

Les viels Angelotz d'Angleterre de quarante huict pieces au
marcq,
v. flor. xiij. pat.

L'aultre Angelot d'Angleterre de mesme poids , que le precedent, ayant vne O. sur la nef,
v. flor. viij. pat.

Le nouueau Souuerain d'Angleterre de xxiiij. pieces & huyt
treisiesmes au marcq,
x. flor. v. pat.

Le demy & quart à l'aduenant.

Les ducatz de Boheme,   iij. flor. xvj. pat.

Les ducatz de Poloigne,   iij. flor. xvi. pat.

Les ducatz d Allemaigne,   iij. flor. xvi. pat.

C

Les ducatz d'Italie,   iij.flor.xvi.pat.

Les doubles ducatz d'Italie de xxxvz. au macq,   vij.flor.xij.pat.

Les doubles ducatz d'Allemaigne,   vij.flor.xij. pat

IVLIVS III P M A
ET VITA VIA VERITAS
PONT MAX PAVLVS IIII
DOCET BONONIA
DOCET BONONIA
GREGORIVS XIII PONT MAX
NOBISQ DEI VIRTVS EST
COSMVS MED R P FLOREN DVX II
NOBIS DEI PARTVS EST
ALEXANDER MED DVX R P FLOREN

Florence.

Luca.

Venize.

Genua.

Milan.

Sauoye.

Lombardie.

Les doubles, & aultres de quatre à l'aduenant.

Les Florins d'Allemaigne du coing des Princes, Electeurs, &
aultres forgez au mesme pied de lxxvi. pieces au marcq, à
ij. flor. xv. pat.

Treues.

D

Mayence.

Coloigne.

Saxe.

Brandenbourgh.

Palatin.

Tirole

Aufbourg.

Nurenbourg.

Les Florins d'or d'Allemaigne,   ij. flor. xv. pat.
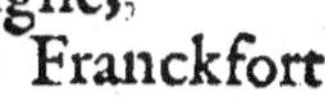
Franckfort.

Coloigne.

Lunenburg.

Les Rydres de Geldres, & les Florins des trois villes, Campen,
Deuenter & Svvol de lxxvi. pieces au marcq,   ij. flor.

ET quant aux efpeces d'argent, noftre intention eft qu'
elles demeurent au pris qu'elles font prefentement, &
ont efté tollereés par noftre Placcart du dernier de Iuin
Mil fix cens, & fept, lequel voulons en toutes aultres
chofes eftre bien, & punctuellement obferué, & entrete-
nu, aux paines y contenues.

Et afin quede cefte noftre prefente ordonnance, & per-
miffion perfonne ne puiffe pretendre caufe d'ignorance,
Nous vous mandons, & comandons de la faire publier
au iour fufdict, auecq & noftre dict precedent placcart du
dernier de Iuing Mil, fix cens, & fept, par toutes les villes, & lieux de noftre pays, & Conté d'Arthois, ou lon eft
accouftumé faire criz, & publications, & a l'entretene-
ment, & obferuation d'icelle proceder, & faire proceder
contre les tranfgreffeurs & defobeyffans, par l'execution
des paines fufdict, fans aulcune faueur, port ou diffi-
mulation, de ce faire, & qu'en depend vous donnons
plain pouuoir, auctorité & mandement efpecial, mandons & commandons à tous que à vous le faifant ilz
obeyffent & entendent diligemmér, car ainfi nous plaict
il, Donné en noftre ville de Bruxelles foubz noftre con-
trefeel cy mis en Placcart le xiij. de May, de L'an de
grace. 1609.

Par les Archiducqz en leur Confeil,

Signé

Verreyken.

Et est le dict Placcart seelé du contreseel de leur
Altezes.

Semblables Placcartz ont esté enuoyez & publiez en lan-
gue Francoyse en Luxembourg, Haynau, Namur, Lille, Douay
& Orchies, Tournay, Valenciennes & Cambray, & en lan-
ge Thioyse en Brabant, Limbourg, Geldres, Flandres, &
Malines.

www.ingramcontent.com/pod-product-compliance
Lightning Source LLC
LaVergne TN
LVHW051328200726
843510LV00002B/562